Mein

innerer

Himmel

Bibliografische Information der Deutschen Nationalbibliothek:
Die Deutsche Nationalbibliothek verzeichnet diese Publikation
in der Deutschen Nationalbibliografie; detaillierte bibliografische
Daten sind im Internet über http://dnb.d-nb.de abrufbar.

www.sternenblick.org
kontakt@sternenblick.org

Copyright © 2019

Herausgeberinnen:
Stephanie Mattner, Mirani Meschkat & Sylvia Reuber

Cover- & Buchgestaltung:
Stephanie Mattner

Illustrationen im Buch © Anastezia Luneva
Covergrafik © blackmoon9

Herstellung und Verlag:
BoD - Books on Demand, Norderstedt

ISBN: 978-3-7431-4382-1

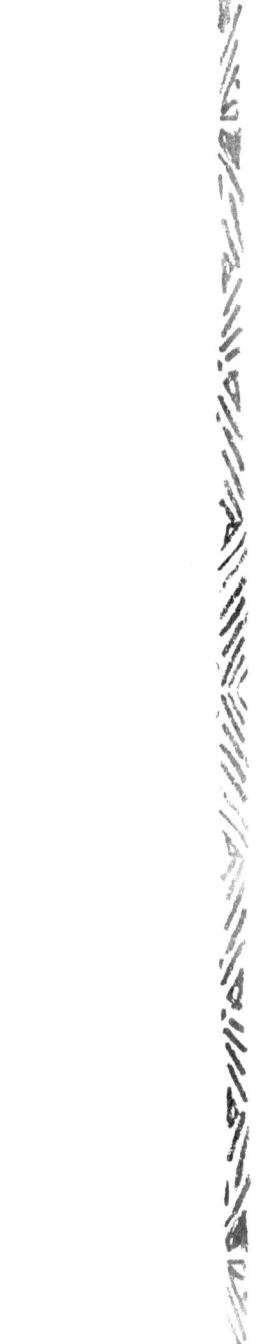

Sylvia Reuber

Mein innerer Himmel

Unsere geistigen Anteile können wir zur Innenschau nutzen um zu reifen. Und das bedeutet seinen inneren Himmel zu berühren. Wenn ich mich in meinem inneren Himmel niedergelassen und dort meine Heimat gefunden habe, wirkt sich dies auf mein Verhalten, meine Handlungen aus. Was immer ich tue wird zu einem Gedicht. Das Leben wird zur Poesie, mein Gehen zum Tanz, meine Stille wird zu Musik. Ich lebe mein Leben ohne mich zu fürchten, in Freiheit.

Viele Dichterinnen und Dichter sind unserer Ausschreibung gefolgt, von denen 65 in dieser Anthologie ihren inneren Himmel mit uns teilen. Dieser ist so vielfältig wie die Poesie selbst…

Anette Dodt

Einladung in meinen Himmel

Magst Du meinen Himmel sehen?
Gerne möchte ich mich von Dir verstehen lassen
und umgekehrt, in meinem ewigen Garten.

Da gibt es außer dem Blauen vom Himmel
alle Wetter und mehr als zwei Gezeiten,
Geheimnisse in Höhlen und auf Gipfeln,
heimliche Verstecke und rare Fundstätten,
Gerechtigkeit und Treue küssen sich.

Da kannst Du vom Baum der Erkenntnis probieren
oder Apfelpfannkuchen, schmelzenden Schnee,
meinen Freundschaftssessel, Vergebung,
Rätsel, die sich mit Entzücken lösen lassen,
oder die Gunst, die in der Luft liegt.

Da spielen die Jungen von Kuh und Bärin miteinander,
Wolf und Lamm erzählen sich Witze vom Hauen und Stechen,
in den Schlangennestern gibt es Wohltat und Trost,
der Frieden verströmt seine Sehnsuchtsmelodie
und wir verneigen uns in seinem Rhythmus voreinander.

Da habe ich einen bunten Zaun aus Weiden gebaut
und Engel mit Flammen-Schwertern zum Schutz gebeten
gegen abgrundtief Belangloses und Bosheit.
Einen heiligen Platz habe ich geschaffen für alle Vermissten,
– die sind jederzeit bereit, mit dir die Schuhe zu tauschen.

Magst Du ein Momentchen mit mir sein
von Angesicht zu Angesicht?
Vorerst würden wir nicht lange bleiben.

Silvana E. Schneider

Gartenblick

Da ist dieser Blick
Der Blick in den Garten
Er streichelt die Seele
Gießt sein Grün auf wunde Nerven
Berührt die Sinne

Da ist dieser Blick
Der Blick in den Garten
Er erhellt das Gemüt
Unterbricht rastloses Streben
Verheißt Wachstum und Glück

Da ist dieser Blick
Der Blick in den Garten
Alles dein sagt der Wunsch
Alles vergänglich flüstert der Verstand
Alles jetzt für immer weiß das Herz

Rosemai M. Schmidt

Herz – Liebe

Ich kam
und brachte mich mit,
ganz und gar.

Dann nahm ich mein Herz
in beide Hände
um es zu verschenken
ohne Wenn und Aber,

doch niemand wollte es haben.

Das tut man nicht,
lehrte man mich.

Ich nahm mein Herz wieder zu mir
und lernte Bedürftigkeit.
Lernte darum zu bitten,
man möge mir doch ein Herz schenken.

Doch die Herzen,
die ich bekam,
waren nicht echt,
waren irgendwie falsch.

Auf der Suche nach dem wahren Herzen
verlernte ich zu weinen.
Auf der Suche verlor ich mich.

Da hörte ich,
man müsse nur richtig suchen,
dann würde man finden,
man müsse klopfen
an der richtigen Tür
und es würde aufgetan,
und ich begann zu ahnen,
dass das echte Herz, das ich suchte,
hinter dieser richtigen Tür
zu finden sein müsse.

Ich erhob die Arme
und flehte um den richtigen Weg,
um das richtige Ziel.
Und dann ergab ich mich
dem leisen Gefühl in mir,
welches begann,
mich in eine Richtung zu ziehen.
Ich folgte diesem Sog

und hörte auf zu suchen.
Und eines Tages,
in einer trostlosen Wüste,
als ich nicht mehr konnte
und der Durst der Sehnsucht drohte,
mich um den Verstand zu bringen,
brach ein Licht hervor
aus dem Nichts,
so mächtig,
dass das Strahlen
der sengenden Wüstensonne
wie ein Schatten dagegen verblasste,
bis das Strahlen alles war,
was war
und mich erfüllte,
bis ich alles war,
was war.

Und siehe, die Tür tat sich auf,
ich trat ein,
und ich stand vor dem Herzen,
dem einen wahren Herzen,
und es war echt,
und es war kein Falsch an ihm.

Und ich erkannte es wieder:
Mein Herz,
das Herz des wahren Kindes.

Ich ging
und nahm mich mit,
ganz und gar,
mein Herz in beiden Händen
und begann es zu verschenken
ohne Wenn und Aber,
doch meine Hände
wurden nie leer.

Jürgen Friedrich Weißleder

HIMMELhoch

Leg meinen Kopf in Deine Hände
wenn ich Dein Herz hör geht's mir gut
und jede Uhr bremst sich ein wenig
und jedes Paar beneidet uns.

Dein Flüstern gibt mir neue Kräfte
mein Sinn erwacht und tiriliert
aus Deinen Worten wird ein Epos
das unsagbar und ewig klingt.

Der Himmelsbogen zeigt sich purpur
hör etwas wie Klavierkonzert
das überall und in uns schwingt
und keine Note wiederholt.

Hans-Jürgen Kirchhoff
Tanze, meine Seele... tanze

Tanze, meine Seele, tanze
bevor dein Lied verstummt
Tanze aus Angst, aber tanze
bewege dich hin zum Mut

Ich schließe für dich meine Augen
der Moment dir alleine gehört
So leicht, wie die Federn von Tauben
dein Tanz den Boden berührt

Tanze, meine Seele, tanze
zur Musik deiner Fantasie
Deine Schönheit zeigt sich im Tanze
in Reinheit und Harmonie

Ich lass dich frei, meine Schöne
um andere Seelen zu finden
Das Herz hofft mit sanften Tönen
in Liebe dich zu verbinden

Tanze, meine Seele, tanze
im weißen Federkleid
Tanze, meine Seele, tanze
es beginnt eine neue Zeit

Tanze, meine Seele... tanze

Stefanie Junker

Ich trage diese Schuhe

Ich trage diese Schuhe.
Die zertanzten.

Die Schuhe mit den Flügeln,
die fast weiter flogen,
als das Herz es begehrte.

Es waren diese Schuhe,
die ich auszog

und barfuß lief...

Sibylla Wilcke
die ich bin

unter bäumen
bin ich baum
wurzel in wurzel
holz
in holz geschmiegt

da webt sich mein sehnen
ins sterbende blattwerk
treibt tanzend hinaus
in den lebenswind

und ich bin
rose unter rosen
dornig und zart
stern unter sternen
leuchtend und fern
sand in der wüste
vom windspiel geformt
tau
in einer blüte geboren

bin ich im vielen
die eine
zur rechten zeit?

und was ist mir
heimat?

Michael Krause-Blassl

Das Land in uns

Irgendwo liegt ein Ort
ganz nah
weit fort.

Ängste und Sehn-Süchte
sind dort zu Haus
für jeden
sieht er anders aus.

Der Weg dorthin
ist einfach und schwer
führt mitten durchs Meer
der Gefühle
und die Wüste
der Gedanken
nicht selten
werden wir stolpern
und schwanken.

Dort sind wir endlich
miteinander verbunden
haben im Innen
das Außen gefunden.

"Wir tragen in uns
den Himmel und die Erde."
(Hildegard von Bingen)

Margit Weith

Die Suche

Sehnsuchtsvoll im Dunkeln suchend
nach dem Licht der Ewigkeit,
voll von Hoffnung und Erwartung
auf das Glück der Seligkeit.
So viel Kraft und so viel Sehnen
fließt ins Wünschen und ins Träumen,
und das Jagen nach Erfüllung
treibt mich, nur nichts zu versäumen.
Voll von Sorge und Verzweiflung
spitzt sich zu des Schicksals Lauf,
schließlich komm ich an die Grenze
und enttäuscht geb ich dann auf.
Endlich wende ich mein Suchen
meinem Innenleben zu.
Und ich finde dort die Antwort,
finde Freude, finde Ruh.
Meine Suche ist zu Ende,
mein Zuhause ist in Sicht,
denn im Innern meines Wesens
finde ich das wahre Licht.

Barbara6491Schwarz

Himmelspiegel

Der Himmel
ist ein Spiegel
meiner Seele.

Unschuldig blau
beginnt der Tag –
die Sonne steigt
im Bogen.

Ein Wölkchen nur
am Horizont,
das jedoch wächst und quillt
bis zum Gewittersturm.

Es tobt das wilde Leben
und läutert, reinigt,
hinterlässt auch Trümmer.

Der Wind hat weggefegt,
was übrigblieb
und Stille, Ruhe
kehrt nun ein.

Bald zieh'n heran
die großen Wolkenschiffe,
auf denen ich im Geist
mit ihnen treibe –

ich segle fort mit ihnen
im Glüh'n des Abendrots,
das bald erlischt,

und unter Sternen
beende ich die Reise,
bis im Morgenlicht
mein letzter Hauch verfließt.

Marion Bergmann

In allem

In allem, das sich wandelt
und wiederkehrt
die Jahreszeiten hindurch

spielen wir · obgleich wir
durchschaut sind
im Angesicht des Anderen

und doch nicht erkannt
wie wir uns selbst noch immer nicht
erkannten · im Gold blauer Tage

in der Spiegelung der Sonne
im Wasserkuss · lächelnd
wie ein Abend sich neigt

demütige Natur · wie sie
für einen Moment das Licht löscht
um ein nächstes zu entzünden

Für alles, das sich wandelt
und wiederkehrt

Barbara Gregor
Schwere Arbeit

Nun steht der Staub zu Garben gebündelt
mitten im weiten Feld
die kurze Zeit macht sich breit
auf den Äckern aller Ebenen

mein Herz schmeckt nach verwaistem Papier
und pocht gegen das Herbstlaub deiner Lippen
du antwortest mit erdener Wimper

ich verflechte mein gläsernes Haar
mit der Frage an die Lüfte
und weiß nicht dass ich weiß:
alles ist Vergangenheit im geschlossenen Kreis

K. Bruell

Auf der Brücke

Ich stehe auf der Brücke
und seh den Bergfluss schäumen.
Sein unentwegtes Rauschen
verleitet schnell zum Träumen:

Sich einfach treiben lassen,
zum Strom, zum Ozean;
nichts halten, nach nichts fassen,
ganz frei von allem Wahn.

Vielleicht als Dunst zerfließen,
in Wolken landwärts flieh'n,
als Regen sich ergießen,
im Fluss dann wieder zieh'n...?

Ach könnt ich auch so fließen,
so klar und ohne Muss.
Doch ich steh auf der Brücke
und unten rauscht der Fluss.

Christine Matha

Die Welle

Die Welle ist mein Spiegel
wenn sie sich krümmt
wenn sie verflacht
wenn sie mich überflutet
oder nur umspielt...
Sie ist mein Doppel
und ohne sie
bin ich nicht
wirklich ich.
Sie aber fließt
und gleitet und ohne mich
wird sie ins Meer getrieben.
Wenn sie sich von mir löst
dann bin ich nicht mehr
Spiegel und abgelöst
vom Strom der Zeit
ein Staubkorn nur
auf Meeresgrund.
Im Wachsen und im Fallen
fühl' ich in ihr Geborgenheit
im Einssein mit dem All
bin ich so ganz mein Eigen,
in ihr bin ich
wie ein Gesicht in
Wasserkreisen –
ein Bild im Traum, der
sich in Träumen wiegt.

Luitgard Kasper-Merbach
Der Glanz

Samt träumt sich
in meine
frühen Augen.

Der Nebel
verkrümelt sich
in das Nest
aus Rosen.

Es ist
ein Schwingen
in mir

zart
und zärtlich.

Und in den
Dämmerschall
des anreisenden Tages

mischt
sich

das Blau
der Seele.

Dana Marietta Schuster

Inwendig

Inwendig
habe ich gelebt
Inwendig
der welt gelauscht

mich gelabt an worten
steine und wurzeln tastend
licht und wasser fühlend

Inwendig
hörte ich den klang der erde
die aus meinen händen fiel

zärtlich liebte ich die welt
liebte alles
sogar
die sterne am firmament
sogar
dich
der sein gesicht verhüllte

Inwendig
bin ich hier

Alexander Verlan
Das Leuchten

Tief in mir
bewahre ich

Den Himmel
Die Sterne

Das Leuchten

Selbst in
der tiefsten Nacht.

Uschi Hammes
Das Vögelchen

Ich habe heute ein Vögelchen zu Grabe getragen. Es lag im Wald auf dem Boden, den Kopf zwischen den Flügeln. Ich setzte mich nieder und nahm es behutsam in meine Hände. Es schaute mich an, noch einmal schaute es zum Licht und beruhigt tat es einen letzten, tiefen Atemzug. Dann bewegte es sich nicht mehr. Ich blieb noch lange dort, das Vögelchen auf meiner Hand. Auf einmal riss der Himmel auf und umhüllte uns mit warmen Sonnenstrahlen. Das Vögelchen und mich – zusammen. Ich weinte. Ich weinte vor Glück, denn für eine kleine, stille Weile waren wir das ganze Universum, waren die Liebe, das Vertrauen und Wahrheit. Das Vögelchen ist jetzt im Paradies und ich glaube auch ich war dort, heute, für einen Moment...

Kerstin Kischer
Nachtzug

Vor meinem Fenster hält ein Nachtzug.
Ich steige aus meinen Träumen in eines seiner Abteile.
Es ist darin ganz hell vom Licht der Hände meines Sohnes.
Es sind Zauberhände.
Sie machen aus meinen Gedanken weiße Schmetterlinge.
Sie fliegen zurück an den Anfang der Zukunft,
zu den leisen Stimmen in den Essigbäumen.
Sie gehören den Ungeborenen,
die über der Erde treiben wie Seevögel über dem Meer.
Keine Zeit fängt sie.
Ihre Mutter heißt Inspiration.

Birgit Burkey
Dunkelkind

D unkelheit schmückt meinen Körper
U nd die Nischen meiner Innenwelt.
N ächtliche Schatten huschen über
K reidebleiche Hautlandschaften –
E inzigartige, Ziergebilde ohne Sinn.
L ähmende, schweigende Stunden
K rabbeln durch aufgelöste Zeit.
I n den Untiefen meiner Seele
N agen sich schwarze Biester
D em Tageslicht entgegen.

Marina Büttner

jenseits

ich tauche in etwas jenseitiges ein ohne bedeutung
nichts in worte gefasst bedeutet
nichts in allem
etwas ohne bedeutung
und
jenseits von worten
fassungslos

ich tauche in etwas jenseitiges
uferloses
ich tauche...ein....
unter
worten hindurch
jenseits von bedeutung
sprachlos

ich tauche ein
ab
unter
worten hindurch
ins jenseitige
fraglos
sprachseits

Magdalena Rotta
Einsicht

Was ist der
Lebensverschnitt
im ganzen Wollen,
was ist der stillvergnügte
Hinterrücks?
Du würdest falsch
vertrauern,
du wärst einsam
in deinem Glück.
Schau hin, da wo
die Wunde atmet.
Verzeih dir wieder
und wieder,
denn du ahnst
dein schönes Gefieder.
Du bist zum Abflug bereit.

Lieselotte Degenhardt

Schwalbenflug

Aufgetaucht in den Morgen,
habe ich abgestreift
die Nebel der Nacht
aus raureifem Federkleid.

Weit war ich geflogen,
habe das Luftlachen mitgebracht,
das silbrig wohnt im Sternendraußen,
Kopskiekel geschlagen im heiteren Blau.

Das quellende, steigende, fallende
Spiel des Wassers durchbraust,
durchflutet sein treues Geheimnis
im Tautropfenhimmel,
geschöpft und getrunken es.

Hab mich gewärmt
am Mut d´Orion
im südlichen Winter.
Ich war sein Wolkenhirsch

Was schaust du so müd,
mein Kind, in den Tag?
Ja, siehst du denn nicht,
wo ich war,
wie weit ich gereist?...

... ahnst nichts
von den Wanderungen,
weißt nichts
vom Schwalbenflug
in die milde Nacht ...

Lorena Pircher

Hesperidengesang

Wenn Träume an geneigten Bäumen
wie überreife Früchte hängen
deren Inhalt im gewaltsamen Fall
oder auf spröden Asphalt
aufzuplatzen droht
dann weißt du
dass du ihnen deine Hände
niemals früh genug
entgegenstrecken kannst

Luitgard Kasper-Merbach

Spätsommer

Abschied weht
in Lüften
und die Zeit
faltet ihr Kleid.

Nah erblüht
das Rot
der Träume.

Sehnsucht

pocht
in jedem Blatt.

JE
Schau

Schau
Dir
Die
Bäume
An.

Mach
Es
Wie
Sie.

Um
Allen

– Auch
Den
Feinsten –

Verästelungen
Deiner
Seele
Gewahr
Zu
Werden:

Wirf
Alles
Laub
Ab.

Hildegard Dohrendorf
Vollmondnacht

Vollmondnacht
meine Schritte wühlen
durchs Blättermeer

Christiane Bienemann
Drachenreiter

Heute lässt du einen bunten Drachen fliegen,
die bösen Geister, schick sie mit hinauf.
Wind und Sonne werden sie besiegen,
Kopf freigepustet, rote Mütze drauf.

Vom Himmel blickt der Drache weit hinunter,
begreift nicht, was das Menschenkind bedrückt.
Sturm wirbelt Blätter immer bunter,
und hat den Fluss mit hellem Schaum bestückt.

Der Drache schüttelt ab die Müdigkeit,
er lässt dich frischen Atem holen.
Traurigkeit und Ärger haben ihre Zeit
– gehabt, entschwinden nun auf leisen Sohlen.

Lass deine Träume auf dem Drachen reiten,
sende sie möglichst hoch hinaus.
Kraft und Liebe werden dich begleiten,
wenn du nur dir selbst vertraust.

Anka Röhr

Schaukeln

Schaukeln
und
schaukeln

zurück
und
in die Gegenwart

und am höchsten Punkt
die Welt
anhalten

Elin Bell

ganz still

mit geschlossenen Augen
zuhören
wie innere Räume aufbrechen
Würfel rollen
das Kartenhaus in sich
zusammenfällt…
sich dem Gedankenmeer
überlassen
ausloten
wie tief die Tiefe
wie weit weit genug ist
was hinter dem Schweigen
verborgen liegt…
fühlen
wie Wunden schmerzhaft heilen
unter dem brennenden Staub
der Erinnerungen
und dann…
warten
dass Worte aus der Stille kommen

Samira Schogofa

Als ich mit meiner Seele sprach

Als ich mit meiner Seele sprach,
erblühten Astern schon im Garten.
Lange lagen Fragen brach,
ließen auf Antworten warten.
Was ist der Urgrund des Seins?
Ist dieses Leben hier meins?
Bin ich die, die ich geworden bin?
Hat mein Dasein einen Sinn?
Der Dialog war freundschaftlich.
Auch ich erblühte innerlich.
Es zähl'n halt nicht die Jahre
So einfach ist das Wahre.

Marina Büttner

Sein

Wie ich mich fühle
auf der alten Holzbank
wie ich eins ums andere
wie ich plötzlich Farben
höre
wie Grün klingt
wie Licht singt
wie ein Baum markante
Töne zu mir schickt
wie ich leuchte
wenn ich einfach bin.

Dagmar A. Grahl
Die innere Flamme

Die innere
Flamme
der Begeisterung
will glühen

sich am Leben
entzünden
und im Tun
zeigen

dein Wesenskern
führt dich

Erin Maris

Mensch

Als ich mich fügte
In Zeit und Raum
Gestalt annahm
Um die Schöpfung zu ehren
Vergaß ich was ich war
Um zu werden was ich bin
Ein Mensch

Als ich erkannte
Wo ich herkam
Vergaß ich
Was ich bin
Unvollkommenheit

Als ich mich erinnerte
Durchschaute
Was ich werde
Erfasste ich
Die Schöpfung
Mit einem Lächeln
Der Erkenntnis

Ralph Bruse
Fremder

Der Wind holt seine Hand herein –
streift zum Abschied Stein um Stein,
als käme er nie wieder.

Im Hafen klappern Segelmasten.
Sonnenmüde Menschen hasten
rüber, in die laute Stadt.

Zurück bleibt stiller, großer Strand -
ein Fremder, der im Dämmern stand;
im Rauch verklung'ner Lieder.
Bleibt auch das Knarren leerer Stühle
in weiter, zarter Abendkühle,
die vom Meer an's Ufer drängt.

Der Fremde – Frau, oder auch Mann
sieht sich die letzte Röte an,
die sterbend sich den Wellen schenkt.
Erst als er nur noch Rauschen hört
und niemand sein Geflüster stört,
ist er kein Fremder mehr.
Geht dahin und setzt sich nieder,
immer wieder,
als wär's ein ruheloser Geist.

Ist doch Mensch aus Fleisch und Blut.
Weiß nicht, was er hier draußen tut,
außer: sich zu finden.

Sitzt schließlich stumm; befreit; ja, heiter
und nichts weiter.
Gar nichts weiter.

Reinhard Dellbrügge

Einstimmung

Nebelschleier
überm See.
Konturen
und Farben schwinden
mählich
in der Dämmerung.

Ein letzter Gast
am Gestade
lauscht
den langsam verebbenden
leisen Lauten
von Wasservögeln.

Des völligen Schweigens harrend
stimmt
er sich ein
auf die ungeheure
Verschwiegenheit
des Seins.

K. Bruell

Träume

(frei nach der Schmetterlingsparabel
des Dschuang Dsi)

Dschuang Dschou, der alte Weise,
hatte einen schönen Traum:
Er war als Schmetterling auf Reise,
zu Gast auf Blume, Strauch und Baum,
flog über Wiese, Feld und Bach,
voll Freude, ungesäumt...
Doch plötzlich war der Meister wach
und fragte dämmernd bei sich nach:
Wer hat hier wen geträumt?

Träumte nun Dschou den Schmetterling?
Erträumt der Schmetterling den Weisen?
Alles Wandlung, jedes Ding
vergeht, geht mit der Zeit auf Reisen.

Was ist real, was Illusion?
Gewissheit gibt es kaum.
Vielleicht ist unser Leben auch
ein langer, bunter Traum.

Michael Pilath

Inipi

Weidenruten, zwölf im Kreis,
dem Universum unterworfen,
Himmelswegen ausgerichtet,
im Dunkeln sitzend,
von Geistern umgeben,
wandere ich schwitzend,
mich selbst reinigend
in meine Anderswelt.

Mit dampfend, glühenden Steinen
zur Mitte der Erdenmutter liegend,
halluzinogene Aromen atmend,
mit Himmeln und Wassern vereint,
den Atem der Geister spürend,
dich über Brücken führend,
schweigend sprechend,
mit zischenden Wasserperlen
auf rot-heißem Fels
entzünde ich neue Seelenfunken...
Katharsis, Agape, Liebe

Jürgen Friedrich Weißleder

augenHIMMEL

Seit mein Himmel jeden Morgen Deine Augenfarbe trägt,
Bleiben alle Züge stehen, weil sie niemals zu Dir fahren,
Bleiben Worte Larifari, wenn sie niemals zu Dir finden,
Bleiben Noten schwarze Punkte, weil Du sie nicht hören kannst.

Seit mein Himmel jeden Morgen weit und bei Dir sein kann,
Unterhalten wir uns übers Wetter, ohne je zu reden,
Wärmen uns an Sonnenstrahlen, jedes Mal dual,
Macht uns jede Wolke absichtslos ein wenig traurig.

Seit der Himmel jeden Morgen blasser werden könnte,
Möchte ich in einer Art hinüber kommen,
Will ich ungeduldig zu Dir aufbrechen dürfen,
Um in das Meer Deiner Augenfarbe zu tauchen.

Sonja Black

Magische Begegnung

Mit verbundenen Augen duschst du mich. Nasser Sinneszauber perlt auf meiner Haut. Blind und nackt lasse ich mich fallen. Gebe mich hin, tiefer und tiefer, unter die Haut gehend. In mir angekommen, löst sich die Augenbinde. Neugeburt. Sehen. Im heiligen Blick berühren sich zwei Seelen. Die Augen – Portale zur Ewigkeit. Offen und einladend. Weit und magisch. Die Magie des Moments auskostend, in Ekstase verschmolzen, ineinander versunken, sehe ich den Himmel in dir... und erkenne mich selbst.

Dagmar Scherf

La Loba
oder Anrufung der großen Wölfin

Einst liefst du mir durch die Adern
Du Uralte Blutjunge
Mit den whiskyfarbenen Augen
Ohne Eis trank ich dich
Unverdünnt
Pur

Was blieb war die Liebe zur Mondin
Zur Sonne der Wölfe
Wenn sie durch schüttere Wolken jagt
Wie du durch die lichten Wälder

Nun lehre mich neu zu singen
Über dem bleichen Gebein
Vergangener Schmerzen
Bis sie vergehen
Bis ich lachend auferstehe
Aus ihnen
Aus dir
Aus mir

Magdalena Rotta
Melodie

So nimm doch hin,
den Schmerz,
den anderen Klang,
den Misston.
Atme in die grelle Schneide
und spüre dich
im Lied der Welt:
Lebende, raumgreifende
Schwingung.
Sei und werde.

Ivo Ende

Himmelsfontänen

Himmelsfontänen treffen mich
manchmal zu hart,
sodass das Leuchten der Erde
im Grunde schwerer erscheint.

Auf deinem Bauch höre ich
die Erdhalbkugel kreisen
und frage mich,
wer nun darunter wohnen mag.

Unter der Kruste,
auf die der Himmel
keinen Einfluss hat.
Unter der Atmosphäre
aus Staub und Wolken,
unter Pfaden von Furchen
und Fuchsbauten,
die nur jemals nie von
Füchsen bewohnt wurden.

Am besten sind die Stunden,
in denen mir der Himmel
ganz nah erscheint.
Fast zum greifen nah,

so, dass ich
seinen Atem beinah
auf meinem Gesicht
spüren kann.

Das sind die Tage,
die nichts mehr mit Sonne
oder Mond zu tun haben,
sondern nur noch aufgehen
im Universum
in mir.

Stephanie Mattner
Meditation

Sphärische Töne
Hingegeben dem Jetzigen
Klang ~
Sein im Fühlen
Bewusstseinsfragmente
| jede Haarwurzel |
hat ein Gedächtnis
aus Gestern
ins Morgen
von innen * heraus * blüht
uraltes Wissen
ganz Einklang
mit mir, mit Welt
verwoben
mit Raum, mit Zeit
bis in schalllose Tiefen
wo nichts mehr schwingt
dort bin Ich
ganz verbunden
mit den leuchtenden Farben
meiner Herzmitte

Ingrid Tiedge
Wege

Wege
Sind Spuren
Die ein anderer gegangen ist

Festgehaltene Schritte
Eine Richtung weisend
Die vielleicht
Gar nicht die Deine ist

Du kannst der Spur folgen

Bis die Sonne
Den Schnee zum Schmelzen bringt
Wind den Sand verweht
Regen den Staub zu Schlamm vermengt

Weglosigkeit

Du blickst um Dich
Ringsum Weite
Nichts und niemand
Dir den Weg zu zeigen

Nur die Weisung
Die tief in Dir
Immer darauf gewartet hat
Gehört zu werden

Vinzenz Fengler

Nichtmehrweniger
(Barbara zugeneigt)

Die eindringliche Welt
wirst du finden, Wanderer
zwischen den Bedeutungen.
Denn du hast dich selbst
gewählt, hast gewählt
Sehender zu werden.

Du selbst wirst eingängig sein
und die Welt wird in dich
treten, leise und ohne Aufsehen.

Denn du bist Suchender
zwischen den Vermutungen,
hast dich umarmt und
die Kiesel geküsst an jeder
Gabelung deines Wissens,
hast den Atem der Gräser
gegrüßt auf deinen Abwegen.

Die einleuchtende Welt
wirst du finden, Schlenderer
zwischen den Geheimnissen.
Denn du hast dich an dich

erinnert und hast dich
selbst auch vergessen.

Du wirst in ein Licht treten
und du wirst leuchten,
du wirst berührt werden
und du wirst berühren.

Denn du bist Wanderer
zu dir selbst und zu dir
in den anderen, in allem
anderen, das dich berührt
mit dem Atem, der keine
Bedeutung mehr braucht.

Erst aber im Aushauchen
wirst du dich finden, im
Ausperlen eines morgendlichen
Taus auf den Blättern einer
sich aufbäumenden Welt.

Dann aber bist du schon
die Wurzel, der Stamm und
die Krone und brauchst dich
nicht mehr.

Edith Kitzelmann
Der Artist

Auf dem Seile
hochgesteckter Ziele balancierend
mit Netz und doppeltem Boden
suchst du Halt
an jenem Band
das selbst du
vor die Augen dir gebunden.

Dana Marietta Schuster

Fragment in Zeiten des Umbruchs

Ich weiß nicht, ob ich schon eine Bestandsaufnahme machen kann, jetzt schon. Das ist nur ein Satz ohne Bedeutung. Jedes Wort kann eine Lüge sein. Dieser Satz ist wahr. Vielleicht ist er falsch. Hast du schon erlebt wie es ist, wenn alle Sicherheiten zum Teufel gehen? Der Teufel wirft sie gleich ins Feuer, es ist ihm egal. Aber meine Sicherheiten verbrennen gemeinsam mit mir. Ich bin der Phönix, der sich nicht erhebt. Die Asche werfe ich über mein Haupt und verhülle mein Antlitz. Ich bin die, die noch nicht erkannt hat.

Jasmin Engel
Ein Schatten deiner selbst

Bin nur noch ein Schatten deiner selbst
Ich rufe meinen Namen
Und du antwortest dir
Lass dich los
Fürchterlich bange ist mir
Wenn dein Glanz mir Spiegel wird
Hüter meiner Seele
Ich suche und fliehe dich
Mahlstrom der du bist
Zwischen mir und mir
Steht dein Bild
Es gibt nur ein Fallen
Bild in Bild
Bis du mich wieder trunken machst
Mit deinem Lebenswasser.

Sebastian Salie

guter Heidegeist

guter Heidegeist
die zerfurchte Stirn
glüht noch einmal auf

Rebecca Timm

Angst

Angst
durchflutet meine Hände,
lässt sie zittern.
Papier sonst so willig,
zeigt seine scharfen Kanten.
Die Tastatur gleicht
einem Erdbebengebiet,
hungrig nach dem Fall.
Die Suche nach Ruhe,
im Auge des Sturms.
Mut durchzuckt die Finger,
sie tippen mühevoll.
Jedes Wort ein innerer Schatz.

Bernhard Bauser

Wildfang

Bau mir einen guten Tag
sag wie der Flow funktioniert
erklär wodurch das Auge leuchtet
setz mir das Glück in Gang

Nimm sieben Ausweglosigkeiten
setze sie nicht der Hoffnung aus
füll die Sehnsucht mit Gefahr
verbinde das Zeitliche mit Wut

Vermisch das Ganze mit Zuversicht
vergiss nicht, den Argwohn zu prüfen
tausch rechtzeitig die Sicherheit aus
und bewahre die Wildheit gut auf

Marion Bergmann
Bis zum letzten Moment

Zeit für die hängematte
mein ticket to the moon
die sonne blitzt hinein
ein falter passes me by
        Yanni & Samvel Yervinyan
        spielen melodien
        irgendwo dort
        in mein Taj Mahal Atma
mir ins haar
fällt das abendrot
glut gelassen
        in anderer richtung
        die eichhörnchen
        keck bis zum wipfel
        zählen weder zeit noch schritte
ich liege
zwischen den welten
im immer himmel
wunschlos beglückt

Edith Kitzelmann
Mit der Zeit

Wo die Zeit keine Wichtigkeit hat
wird ihre Macht zerrinnen

Wo Stunden nicht drängen
nach Taten und Geschehnissen

Wo Zeitlosigkeit
mir zwischen den Fingern gerinnt

wird der Augenblick mir
zur Unendlichkeit

Julia M. Sternecker
Goldener Nebel

Graues Tal so zeitlos, die Sonne am Horizont
So hell hat es der Mond niemals gekonnt
Himmelsstaub der Wälder spiegelt Galaxien
Es tanzen durch die Lüfte Träume und Fantasien

Am Ufer des Flusses schäumende Gischt
Im goldenen Nebel ist einer, der fischt
Pulsierendes Herz, da träumt er zur Welt
Gedanken wie Sterne am Himmelszelt

Geisterfrauen, die im Winde schweben
Mit glitzerndem Wasser die Schleier weben
Berstende Kometen, die Kraft der Gedanken
Schließt um die Herzen goldene Ranken

Die Zeiger der Uhren längst stillgestanden
Als aus dem Tal die Nebel schwanden
Kleine Seelen, die Lorbeeren der Freiheit
Sie strahlen und jauchzen in Ewigkeit

Friedrich Winzer

Alzheimer

Alzheimer
sie riecht an Kunstblumen
und lächelt

Sylvia Reuber

Regenbogenboapfad

frischgehäutete
sei still und wisse
die heldenreise ruft
der kolibri singt dir
sein lied:
trinke der blüten nektar
nie mehr das abwasser
alter opferwunden –
weisheit perlt im kelch

den wagen weit
vor das pferd gespannt
in die unschuld gezogen
so erreichst du
die welt die sich
ins leben träumt
behütet vom adler
erschafft sich
wahrheit und bedeutung

Maja Loewe
SpiegelZeit

Erste Töne rauschen aus dem Gefieder eines Traums
der sich vom stillen glasigen Grund erhebt, um das
blinde Silber meiner Erinnerung ins Hell zu tragen

Seelenvogel, der in meinen Kopf/Raum einfällt
mit wildem Flügelschlag; In meiner Kopfklangschale
die Uhrzeittiere aus den Ecken treibt; Zeigerlose

Fraktale im Traumzeittiegel

Mäanderndes
Ich

Sabine Wreski
Kaleidoskop

Strebst fit nach vorwärts,
gibst dir die Sporen, den
tickenden Tunnel im Blick.

Doch Lucy, sie kennt dich.
Du reißt ihre Hürde, es
dreht sich ihr Spiegel für dich.

Schaust ängstlich nach rückwärts.
Du zitterst noch immer, den
Garten der Kindheit im Sinn.

Erkennst dich im Spiegel, die
weißblonden Locken, den
leuchtenden Blick im Gefühl.

Dein Schaukelpferd bricht sich
in bunten Kristallen, sie
ordnen sich zu großer Form.

Denn Lucy, sie kennt dich,
taucht auf und verschwindet, sie
zeichnet dein zweites Gesicht.

Barbara Schleth

Veränderin

uneins mit den Elementen
elegant im Wind geträumt
seelenhungrig
nichts besteht im Orkan
des Absoluten
Raum und Zeit verlassen
dehnbar Mineralisches durchleben
nach innen tauchen
in den Wesensgrund
der erwachende Funke gewährt
einen unstillbaren Augenblick
auf das Licht der
Veränderin

Jack B. Smith

Der von Dir gesalbte

Ich bin der von dir gesalbte Minotaurus,
meiner samtgewordenen Labyrinthe.
Schnaube, Scharre, Stürme.
Breite meine Schwingen aus über unserer Herzensfestung,
die wir uns schmiedeten
aus finsterer Stätte Tagen.
Mein Löwenherz brüllt allen Welten.
Deines Antwortet mir durch
alles Ewige das bröckelt nur.
Zu neuen Allzeitigen Reichen mauern wir dies alles auf.
Tanzend wird Kinderlachen durch alle Hallen glänzen.
Heiliger Ruf wird eilen um die Welt,
sie erfüllen und reinigen.
Wir thronen an diesem Orte immerfort,
gestern, heut' und morgen.
Blick mit deinem Mut auf dieses Leben nur,
du bist schon dort.

Jochen Stüsser-Simpson
In Höhlen

In Höhlen zeigt die Erde ihre schwarzen Seiten
Helldunkel mischt Vergangenheit, wirft Flecken an die Wand
in Höhlen, die mit Moränen, Gletschern sich verschoben
aus fernen Zeiten wanderten, aus nahen
mütterlich warm und eisig kalt ins Heute.
Einmal, am Mittag, ist ein Forscher da
ein Ich, das sucht und eindringt in die Welt der Schatten
denn nur, wo etwas fremd und unerkannt
auch Eigenes – im Dunkeln liegt, dort kann
verstanden werden, und fechtend mit den Schatten
an der Wand, voraus und hinterher geworfen
geht über sich, dem Ich – vielleicht –
ein Licht auf.

Max Schatz
Teleportation

Existiere nicht, und du wirst leben
Esse nicht, und du wirst satt
Hör nicht auf die Worte des Asketen
Werde selbst ein Asket

Konsumiere nicht, und du wirst alles haben
Schlafe nicht, und du wirst fit
Glaube, und du wirst nicht sterben
So etwas wie den Tod gibt es nicht

Schwimm durch die Wüste zu neuen Ufern
Tauch auf im Weltraum, um Luft zu holen
Schweige, und man wird dir zuhören
Aufmerksam, so wie du dir selbst

Ignoriere den Riesen, und du wirst sehen
Tief im Gras die kleinste Ameise
Beweg dich nicht mehr, hör auf zu gehen
Du bist auf deiner schnellsten Reise

Andrea Kerstinger

Spurensuche

Auf der Suche nach dir
bin ich bei mir gelandet
gestrandet
habe mich im Netz verfangen
wurde an Land gespült
gerettet

Auf der Suche nach dir
habe ich mich selbst gefunden
mich geordnet
abgestaubt
neu zusammengesetzt
auf Hochglanz poliert

Auf der Suche nach dir
bin ich bei mir eingekehrt
habe die Ruhe gefunden
die notwendige Stille
bin zuhause angekommen
endlich

Jetzt suche ich dich nicht mehr
ich bin im Reinen mit mir
vielleicht findest du mich
trotzdem

Barbara Schleth

Abendstille

Die Abendstille
nimmt mich sanft hinein,
umhüllt spinnwebleicht,
bettet das Tagwerk.
Schwere fällt von mir.
Teil sein, sich fügen,
hinein genommen
ins große Ganze.

Ich stehe still,
spüre andächtig
wundersames Glück.
Letztes Tageslicht
scheint durch Baumkronen,
leitet meinen Fuß
auf federndem Grund,
ins offene Land.

Arsen
Sternschnuppe

Der Wunsch zu fliegen sitzt tief,
will schlafen, will träumen, ich schlief.
Aber bin aufgewacht.
Licht in der Nacht.
Unerreichbares Ziel.
Will fallen, will leuchten, ich fiel.

Lydia Hanschkow
Im Seelennetz

Die Schwere
der Zeit
liegt bitter im Raum,
pulsierend in
den Adern des Lebens.
Des Schlafes
großer Bruder
quälende Stunden
im dunklen Nebelkleid.
Nicht fassend
fliehende Gedanken
im Seelennetz gefangen.
Lass' los…
du bist nicht allein
mein Herz ist schwer
schwer wie ein Stein.

Angelika Schütgens
Zwischen Hölle und Himmel

Längst nicht mehr verankert
wo einst das Glück lag
noch nicht angekommen
wo neues Glück liegen soll
dazwischen der Weg
zwischen Hölle und Himmel
pendeln zwischen
Hoffen und Bangen
ungewisser freier Fall
ein Weg der kein Ziel sein kann
ihm fehlen Wurzeln und Flügel
bis zum Ankommen bleibt nur
ein wilder Tanz mit dem Wind

Ecolosa
Mein Hafen

Siehst du das kleine Boot,
da draußen auf dem Meer?
Wie eine Nussschale sieht es aus.

Das ist mein Leben.
Dort bin ich oft.

Halte das Boot im Gleichgewicht,
so gut es geht.
Schaufle mit bloßen Händen
das Wasser heraus,
um nicht unterzugehen.
Versuche, auf Kurs zu bleiben,
ohne das Ziel zu kennen.

Manchmal habe ich Landgang.
Dann setzt du dich neben mich.
Ganz still.
Und ich werde ruhig.

Michaela Albrecht

Der Mönche Himmelszelt

Mönche weinen
um die Welt,
ziehen sich zurück
unter ihr inneres
Himmelszelt.
Während der
Welten Gebälk,
morsch und ächzt,
ist es die Seele,
die nach Ruhe lechzt.
Und finden sich
allerorten in sich wieder,
ganz gleich welcher
Herkunft, gesenkt die
Lider.
Um Körper und Geist
zu verbinden beim
meditieren,
eins zu werden,
sich in höheren
Gefilden zu verlieren.

Magdalena Ecker
Blauer Mohn

Trübe glänzt mir Berg und Tal,
schon muss der Sommer scheiden.
Die Nebel wabern kalt und fahl,
der Wind rauscht durch die Weiden.

Aller Donner, alle Blitze,
in den Wolken, fern und grau.
Vom tiefsten Grund bis auf die Spitze,
Schatten, Schemen, Morgentau.

Unberufen, ungehört,
ich entfliehe jedem Morgen.
Hirsch, der durch die Wälder röhrt,
im Grünen, wohl geborgen.

Am See, dem Stillen, warte ich
und lausche neuen Liedern.
Doch niemals, niemals zeigt es sich.
Was soll ich nur erwidern?

Wasser gluckst und murmelt sacht,
es lockt mit süßen Träumen.
Dein Gesicht, es staunt und lacht,
als leis' die Wellen schäumen.

Und ich strecke meine Hand,
nach dem lieblichen Gebilde.
Vom mütterlichen, trocknen Land,
zum fremden Sterngefilde.

Und ich falle, fliege schon,
durch tausende von Jahren.
Und ich rieche blauen Mohn.
Kann nichts in mir bewahren.

Alles tropft, entgleitet mir,
entfließt in aller Eile.
Nur ein vages Bild vom Wir,
das mir im Herz verweile.

Thibaut Comes
Herz der Wanderung

Über Wiesen, über Auen,
Strömet Regen stets hinzu,
Denn in Nebeln will ich schauen,
Was dem Fühlen gibt die Ruh'.

Tief in Wäldern liegt der Schmerz,
Zu den Tiefen will mein Herz,
Von den Bächen trinkt mein Leben,
Will die Lust in Tränen segnen,
Was nur geb' ich mir hinzu?

Von den Bergen stiller Klage,
Plätschern Sagen, plätschern Sagen,
Die in Nächten schillernd lagen,
Nur bei Tage so verzagten:

Von den Tälern bis hinauf,
Strömen Flüsse, strömen Flüsse,
Sodass ich sehe im Verlauf,
Was ich küsse und vermisse,
Zu den Sternen spring ich rauf,
Ich will es wissen, will es wissen!

Da flieht der Wolkenflaum berauscht,
Weich wie Kissen, weich wie Kissen,
Still und suchend an mein Herz,
Fliegt wie Federn fort der Schmerz,
Und ich lausch', ja ich lausch'.

Mirani Meschkat
beschützt

dies ist meine heilige zeit,
wenn sich die zweige der luft anschmiegen,
pflanzen einander zuträumen,
und ich, eine königin auf dem balkon,
werde unsichtbar zwischen gurken und thymian,
wie die fäden meiner geschichte
sich verweben mit den wegen der vogelstimmen,
die ein geflecht zwitschern zwischen den bäumen,
eine kuppel aufjubeln über den kronen,
und sie ausmalen mit ihren kunstflügen.
mögen die straßen uns umbrausen
mit ihrem alltagslärm,
dies ist eine insel im meer der steine,
ist ein heiliger ort,
von einem lächeln beschützt,
in heiliger zeit.

Gajanana

Nackt...

Nackt Du wirst in Welt geboren,
nackt wirst Du auch aus ihr gehen.
Wie schnell geht kostbar Zeit verloren:
Wanderdünen, die verwehen...

Was bleibt von Deinem Menschenleben?
Ruhm und Reichtum... – bald verblasst!
Im Jenseits ist nichts auszugeben!
Die Seele, das ist, was Du wirklich hast!

Drum trachte dieses Tor zu finden!
In Dir liegt schlummernd ganze Welt!
Den Kosmos, such' ihn zu ergründen,
in Dir..., in Liebe..., unverstellt...!

Ja, wünsch' es Dir aus ganzem Herzen:
Bring Dein Selbst als Opfer dar!
Fei Dich gegen Alltagsschmerzen!
– Aum Shri Shakti... Namaskar!

Über SternenBlick e.V.

SternenBlick e.V. ist ein gemeinnütziger Verein zur Förderung zeitgenössischer Poesie. Seit Mitte 2013 werden jedes Jahr themengebundene Anthologien, Monografien und zwei Heftreihen herausgegeben, die die dichterische Vielfalt abbilden und bewahren. Ergänzend bieten wir unterschiedliche Leseformate, Workshops und Veranstaltungen im Großraum Berlin an.

Alle Veröffentlichungen, aktuelle Ausschreibungen und Termine sind der Homepage zu entnehmen:

www.sternenblick.org

Die Herausgeberinnen

Stephanie Mattner

Stephanie Mattner lebt und arbeitet in Berlin und absolvierte dort auch ihr Germanistikstudium (mit Schwerpunkt auf das Editionswesen). Seit früher Jugendzeit schreibt sie Gedichte und Kurzprosa. Mit "Wortgeworden" erschien im Juni 2017 ihr erster Gedichtband im Diotima Verlag. Als Hauptherausgeberin bei SternenBlick e.V. konnte sie bereits viele Anthologien und Poetenbände verlegen. Im Raum Berlin ist sie zudem bei Lesungen anzutreffen.

Mirani Meschkat

Mirani Meschkat lebt in Lippstadt. Sie hat Germanistik und Kunst studiert, ist geprägt durch die Hippiebewegung und arbeitet heute als spirituelle Lebensberaterin. Ende 2011 erschien ihr erster Gedichtband „In meinem Herzen ein Feuermohn". SternenBlick e.V. ist sie seit dem ersten Band „Ein Gedicht für ein Kinderlachen" treu und hat einen Querschnitt aus ihrem dichterischen Schaffen in "SternenBlicks Dichtkunstschatz 1" (2016) vorgestellt.

Sylvia Reuber

Sylvia Reuber lebt in Berlin. Im Herzen fest verankert, gibt sie als Coach ihren Klienten die Möglichkeit, sich den Fragen des Lebens zu stellen. Begleitend zu ihrer Arbeit sind als Nahaufnahmen Texte und Gedichte entstanden. Durch zauberhafte Poesie bewirkt sie die Öffnung des Herzens durch das weibliche Prinzip. Bei SternenBlick erschien 2017 der Gedichtband "Götterbotin unterwegs".

Inhaltsverzeichnis

Sylvia Reuber – Mein innerer Himmel 7
Anette Dodt – Einladung in meinen Himmel 9
Silvana E. Schneider – Gartenblick 10
Rosemai M. Schmidt – Herz – Liebe 12
Jürgen Friedrich Weißleder – HIMMELhoch 16
Hans-Jürgen Kirchhoff – Tanze, meine Seele... 17
Stefanie Junker – Ich trage diese Schuhe 18
Sibylla Wilcke – die ich bin 19
Michael Krause-Blassl – Das Land in uns 20
Margit Weith – Die Suche 21
Barbara6491Schwarz – Himmelspiegel 22
Marion Bergmann – In allem 24
Barbara Gregor – Schwere Arbeit 25
K.Bruell – Auf der Brücke 26
Christine Matha – Die Welle 27
Luitgard Kasper-Merbach – Der Glanz 28
Dana Marietta Schuster – Inwendig 29
Alexander Verlan – Das Leuchten 30
Uschi Hammes – Das Vögelchen 31
Kerstin Kischer – Nachtzug 32
Birgit Burkey – Dunkelkind 33
Marina Büttner – jenseits 34
Magdalena Rotta – Einsicht 35
Lieselotte Degenhardt – Schwalbenflug 36
Lorena Pircher – Hesperidengesang 39
Luitgard Kasper-Merbach – Spätsommer 40
JE – Schau 41
Hildegard Dohrendorf – Vollmondnacht 42
Christiane Bienemann – Drachenreiter 43
Anka Röhr – Schaukeln 44
Elin Bell – ganz still 45
Samira Schogofa – Als ich mit meiner Seele sprach 46
Marina Büttner – Sein 47
Dagmar A. Grahl – Die innere Flamme 48
Erin Maris – Mensch 49
Ralph Bruse – Fremder 50

Reinhard Dellbrügge – Einstimmung 52
K.Bruell – Träume... 54
Michael Pilath – Inipi 55
Jürgen Friedrich Weißleder – augenHIMMEL 56
Sonja Black – Magische Begegnung............................57
Dagmar Scherf – La Loba… 58
Magdalena Rotta – Melodie 59
Ivo Ende – Himmelsfontänen 60
Stephanie Mattner – Meditation 62
Ingrid Tiedge – Wege... 63
Vinzenz Fengler – Nichtmehrweniger 64
Edith Kitzelmann – Der Artist.................................... 66
Dana M. Schuster – Fragment in Zeiten..................... 67
Jasmin Engel – Ein Schatten deiner selbst.................. 68
Sebastian Salie – guter Heidegeist.............................. 70
Rebecca Timm – Angst 71
Bernhard Bauser – Wildfang.. 72
Marion Bergmann – Bis zum letzten Moment............ 73
Edith Kitzelmann – Mit der Zeit 74
Julia M. Sternecker – Goldener Nebel 75
Friedrich Winzer – Alzheimer 76
Sylvia Reuber – Regenbogenboapfad..........................77
Maja Loewe – SpiegelZeit.. 78
Sabine Wreski – Kaleidoskop....................................... 79
Barbara Schleth – Veränderin...................................... 81
Jack B. Smith – Der von Dir gesalbte.......................... 82
Jochen Stüsser-Simpson – In Höhlen 83
Max Schatz – Teleportation...84
Andrea Kerstinger – Spurensuche 85
Barbara Schleth – Abendstille..................................... 86
Arsen – Sternschnuppe 87
Lydia Hanschkow – Im Seelennetz.............................. 88
Angelika Schütgens – Zwischen Hölle und Himmel 89
Ecolosa – Mein Hafen 90
Michaela Albrecht – Der Mönche Himmelszelt 91
Magdalena Ecker – Blauer Mohn................................. 92
Thibaut Comes – Herz der Wanderung...................... 94
Mirani Meschkat – beschützt....................................... 96
Gajanana – Nackt... 97